부모교육시리즈1

교육기관에 다니는 어린 자녀의 부모님께

박근주 · 박선미

지식터

우리 아이

이 름 ____________________

나 이 ____________________

이름의 뜻 ____________________

우리 원

원 명 ____________________

반 명 ____________________

연락처 ____________________

주 소 ____________________

목 차

1

반갑습니다.

우리는 아이들을 좋아해요

오로지 아이들을 좋아해서
아이들과 함께 있습니다.

부모님
저는 아침마다
“출발이 다른 아이로 키운다.”
이 마음 하나로
교실 문을 활짝 엽니다.

기대하세요.
부모님과 선생님
똘똘 뭉쳐
자녀의 내일을 준비할 것입니다.

지켜주세요.
아이는 단지 성인이 아닌
모범적 어른, 훌륭한 부모를
모습을 보고 자라니까요.

하여
이 책에는
어린 자녀를 원에 보내 놓고 노심초사하실 부모님과
우리 선생님 & 우리 어른들이 반드시 알고 있어야 할
중요한 내용들을 담았습니다.

2

기대하세요.

우리 원에서 잘 잘 잘 자 라 요

자녀는 우리 원에서
잘 먹고 잘 자고 잘 놉니다.

우리 교육기관은 이런 곳입니다.

우리 원은

자녀에게 꼭 필요한 곳입니다.

바르게 생각하고 올바르게 행동하는 아이로 성장할 것입니다.

우리 원은

자녀의 특별함을 알고 있습니다.

모두 다른 아이들의 개별성을 존중하고 일등이 아닌 일류로 키웁니다.

우리 원은

발달을 우선으로 합니다.

선행교육이 아닌 적기교육으로써, 제때제때 차근차근 성장할 것입니다.

우리 원은

놀면서 자라는 곳입니다.

재미있게 놀면서 경험하고 터득하고 습득하며 행복한 삶의 토대를 마련합니다.

우리 원은

미래를 준비합니다.

자녀의 경험만이 내일이 될 것이기에 자율적 환경과 기회가 충분하도록 노력합니다.

우리 선생님은 이런 분입니다.

✿ 우리 선생님은

아이를 좋아합니다.

오로지 아이들이 좋아서, 그것 하나만으로 아이들과 함께 하는 분입니다.

✿ 우리 선생님은

자녀에게 의미로운 타인입니다.

부모처럼 선생님도 내 편이라는 것을 느껴 따뜻한 마음으로 성장하도록 합니다.

✿ 우리 선생님은

아이들과 함께 놉니다.

자녀의 친구가 되어 아이들 속에서 같이 놀면서 생각이 탄생하는 배움으로 이끕니다.

✿ 우리 선생님은

민감한 전문가입니다.

자녀가 말하는 것은 물론 표정까지 정확히 읽어내어 자신의 존재와 존중을 느끼게 하시니까요.

✿ 우리 선생님은

자녀를 창의융합형 인재로 키웁니다.

이미 유능하게 태어난 자녀의 프로파일을 알고, 지속가능한 미래 인재로 성장하도록 반응하십니다.

부모님은 이미 좋은 부모이십니다.

좋은 부모는

단연코 자녀를 많이 사랑합니다.
그래서 부모만이 아닌 모든 사람들에게 사랑받는 그런 아이로 키웁니다.
그러니 부모님은 이미 좋은 부모이십니다.

좋은 부모는

자녀의 눈을 보고 말합니다.
부모 눈 속에 있는 자신을 보면서 자신이 소중하고 사랑받고 있음을 확신합니다.
그러니 부모님은 이미 좋은 부모이십니다.

좋은 부모는

긍정적입니다.
긍정이란 뭐든 다 되는 것이 아니라 안 되는 것은 안 된다는 것을 알게 하는 것입니다.
그러니 부모님은 이미 충분히 좋은 부모이십니다.

좋은 부모는

자녀에게 기회를 줍니다.
대신 해주는 해결이 결코 자녀를 위한 것이 아님을 알고, 직접 해볼 기회를 주죠.
그러니 부모님은 이미 좋은 부모이십니다.

좋은 부모는

사회 속에 자녀를 봅니다.
자녀의 개별적 특징을 이해하고, 그 특징이 사회에서 잘 발휘되는지 살핍니다.
그러니 부모님은 이미 좋은 부모이십니다.

3

지켜주세요.

부모님과 짝짝짝 맞아요

부모님들과 손발이 짝짝짝 맞는
소통의 장이 되어야 할 것입니다.

1

신뢰에서 출발해야 합니다.

어린 자녀를 원에 보내면서 기대감도 크지만 걱정도 많으실 것입니다.
하지만 안심하세요.
오로지 아이들이 좋아서 아이들과 함께 하고 있는 우리 선생님이니까요.
자녀를 중심으로 만난 부모님과 교직원에게 있어 가장 중요한 출발은 신뢰입니다.

- 서로 인사하는 바른 관계의 행동에서 시작하세요.
- 서로 의사소통의 통로를 확보하고 공유하세요.
- 원과 선생님의 이야기를 주의깊게 들어 주세요.
- 선생님을 존중하는 언어와 표정으로 소통해 주세요.
- 자녀 중심의 다양한 선택과 결정을 함께 하세요.

자녀는 부모인 우리 어른을 보고 자랍니다.
그러므로 자녀가 신뢰를 보고 배우도록 신뢰의 모습을 보여주세요.

- 몰래 지켜보는 대신 믿음으로 바라봐 주세요.
- 사전 허가되지 않은 사진촬영은 안 된답니다.
- 협의되지 않은 음성녹음 또한 불가능합니다.
- 자녀에게 선생님 행동에 대해 캐묻지 말아주세요.
- 자녀의 바른 성장과 발달을 먼저 생각해 주세요.

자녀에 관해 궁금한 것이라면 무엇이든 부모님과 함께하여 신뢰 관계 속에서 함께할 것입니다.

2

적응기간이 필요합니다.

자녀의 새로운 세상이 펼쳐졌습니다.
교실, 또래, 또 다른 아이들, 선생님 등 모두가 낯선 상황이죠.
낯섦이 익숙해지고 친숙해지는 데는 시간이 필요합니다.
자녀가 부모에게서 선생님에게로, 가정에서 교육기관으로 서서히 경험을 넓히게 될 것입니다.

지금 자녀가 가장 열심히 노력하고 있다는 것을 알아주세요.

적응기간 동안…

- 부모의 계획과 다를 수 있으니 좌절하지 마세요.
- 천천히 적응하게 되니 마음에 여유를 가지세요.
- 절대 다른 아이와 비교하지 마세요.
- 적응에 노력하는 자녀를 혼내지 마세요.
- 원에 대한 기대감이 들도록 이야기 나누세요.

- 가정과의 공통점을 중심으로 대화하세요.
- 가능한 한 선생님께 얼른 인계하세요.
- 부모와 반드시 헤어짐의 인사를 나누세요.
- 몰래 사라지고 갑자기 나타나지 않아야 해요.
- 엄마아빠도 너를 생각하고 있다고 말해 주세요.
- 반드시 다시 만난다는 것도 꼭 말해 주세요.
- 자녀와 약속한 귀가 시간을 잘 지켜주세요.
- 짧은 방문에서 시작하여 차츰 시간을 늘려주세요.
- 부모라는 이유만으로 적응기를 멈추지 마세요.
- 적응에 노력 중인 자녀를 격려하고 칭찬하세요.

적응!

짧게는 일주일, 길게는 한 달, 때로는 그 이상이 될 수도 있습니다.

하지만 충분히 해낼 수 있고, 해내도록 함께할 것입니다.

이러한 적응기간은 재원아동에게도 충분히 있을 수 있답니다.

3

원 생활을 준비하고 안내해 주세요.

원 생활이 자녀에게 미치는 가장 큰 의미는 주도성입니다.
부모의 무릎에서 드디어 홀로서는 주도적 삶을 경험하는 것이니까요.
자녀의 주도성은 = 부모님과 + 교육기관이 함께 만듭니다.
따라서 자녀도 부모님도 모두 원 생활을 준비해 주세요.
자녀가 공들여 쌓고 있는 주도성이라는 공든 탑을, 사랑이라는 이름으로 허물지 말아야 할 것입니다.

- 자녀의 건강을 가장 먼저 점검해 주세요.
- 자녀는 편안한 복장으로 준비해 주세요.
- 혼자 입고 벗고 다룰 수 있도록 준비하세요.
- 손톱, 위생 등의 안전을 확인해 주세요.
- 애착물을 가지고 올 땐 미리 알려주세요.

- 부모와 헤어짐이 가능한지 확인해 보세요.
- 헤어짐이 어렵다면 원에 미리 알려주세요.
- 자녀의 물품에는 이름표를 붙여주세요.
- 가정 내 물품은 가져오지 않아야 합니다.
- 언어로 표현하는 소통방법을 생활화하세요.
- 타인을 함부로 만지지 않도록 주의해 주세요.

자녀는 우리 원에서 사회화를 위한 삶의 루틴을 만들고 있습니다.
그러므로 잘하고 못하는 것을 체크하기보다는 잘 해낼 수 있도록 몸과 마음을 준비해 주세요.
부모님 또한, 사회를 받아들이고 이겨내는 대견한 자녀를 응원할 몸과 마음을 준비하시기 바랍니다.

4

자녀의 정보를 자세히 알려주세요.

자녀의 특징은 좋고 나쁜 것이 아닙니다.
단지 그 아이의 개별적 특징일 뿐입니다.
자녀의 개별성을 알고 있어야 가장 안전하고 안정적인 일과를 유지할 수 있습니다.
이런 점을 자세히 알려주세요.

- 아이의 식습관이나 수면패턴을 알려주세요.

먹고 자고 싸는 일상은 무리한 요구가 되지 않아야 하기 때문입니다.

- 아이가 갈등(노, 애)을 해결하는 방법을 알려주세요.

갈등을 다루어 행복감을 유지하는 긍정적 성장을 위함입니다.

- 아이가 스스로 할 수 있는 것들을 알려주세요.

할 수 있는 것을 해내는 뿌듯함을 느끼고 성취감을 느끼도록 해주기 위함입니다.

• 특히 좋아하는 것과 싫어하는 것을 알려주세요.

좋아하는 것을 할 수 있는 기회를 주고, 싫어하는 것이지만 시도하고 참여하는 적극적 자아감 형성의 기회를 주고자 합니다.

• 그 외 원에서 알아야 할 자녀 정보를 알려주세요.

음식에 대한 알러지나 반응력, 발달 상황 혹은 병력 등을 자세히 알려주세요. 혹 추후처리의 방법이 필요하다면 반드시 알려주세요.

자녀가 가정과 같은 안전함과 안정감을 유지하도록 우리 원에서도 주의깊게 관찰할 것입니다.

5

아이의 기본생활습관을 점검해 주세요.

AI시대라 할지라도 일상에는 기본이 있습니다.
기본생활은 크면 저절로 형성되는 것은 아닙니다.
기본생활은 오로지 자녀의 직접 경험을 통해서만 성장합니다.

물론 어린 지금, 기본생활을 마스터해야 하는 것은 아닙니다.
배워가고 있는 중이니, 이후 바른 습관이 되도록 오늘도 행동하고 있다면 시행착오 중이라 할지라도 그것으로 충분합니다.

- 기본생활을 점검해 주세요.

자신을 부르는 소리에 반응하는 행동
밥을 먹을 때 앉으려 하는 행동
음식은 도구를 사용하여 먹는 행동
타인을 때리거나 깨물지 않는 행동
언어나 비언어를 통해 자신을 표현하는 행동
옷을 함부로 벗지 않으며, 항상 입고 있는 행동 등이 기본생활입니다.
좋아서 하는 표현이라 할지라도 타인이 싫어한다면, 특히 껴안거나 만지기, 뒹굴기 등 타인의 권리를 부당하게 빼앗는 등의 행동에는 개선이 필요합니다.

• 자조기술도 점검해 주세요.

신발을 벗을 수 있도록 가정에서 혼자 신고 벗는 행동을 할 기회를 주고, 마침내 해내도록 시행착오를 기다려 주세요.

옷을 혼자 입고 벗을 수 있도록 가정에서도 수행의 기회를 충분히 주어야 합니다.

물이 먹고 화장실에 가고 싶다거나 혹은 필요한 것이 있다고 손으로 가리키는 등 표현을 할 수 있는지 점검해 주세요.

• 자녀가 할 수 있는 것 또는 해야 하는 것은 스스로 해보도록 기회를 주세요.

기본생활은 기질과는 달리 경험할수록 잘하게 되는 환경적 행동들입니다.

아마 시행착오가 있을 것입니다.

물론 괜찮습니다.

습득할 때까지 경험하면서, 계속 경험을 하면서 해낼 때까지 기다려주시면 됩니다.

6

개별적인 요구는 가정에서 해결해 주세요.

아이들과 함께 하는 선생님의 주된 업무는 아이들의 하루 일과와 동일합니다.
늘 아이들 속에서 함께 있으니까요.
그러니 자녀의 건강, 안전, 발달 등 교육기관과 협력해야 하는 특별한 사항 이외의 개별적 요구는 가정에서 해결해 주시기 바랍니다.
당연히 원과 선생님은 개별적 요구에 응할 수 있을 뿐 아니라 충분히 있을 수 있는 일이란 것까지 모두 이해합니다.
하지만 자녀는 지금 사회에서 존재감을 느끼고 소속감을 배우는 중입니다.
자녀가 또래 속에서 수치심, 창피함을 먼저 느끼는 일이 돼서는 안 될 것입니다.

- 교육기관이고 사회이니 개별 요청을 자제해 주세요.
- 가정에서 해야 할 일이라면 해결하고 등원하세요.
- 잠옷차림 또는 이불로 감싼 채 등원하지 마세요.
- 특별한 돌봄이 필요한 경우에는 미리 연락해 주세요.
- 건강상태나 다친 부분이 있다면 미리 연락해 주세요.

자녀에 관한 일이라면 사소한 일은 없을 것입니다.
하지만 개별적 요구는 자녀뿐 아니라 여러 아이들의 일과 흐름을 방해하는 일이 됩니다.
전화를 받느라 자리를 비워야 하기 때문에 안전에도 문제가 되거든요.

- 원과 협의된 시간을 이용해 주세요.
- 오랜 시간 통화를 하는 것은 더더욱 삼가해 주세요.
- 선생님과는 자녀에 관한 상담만이 가능합니다.
- 선생님에게는 사적인 것 외 원 생활 모두 상담 가능합니다.
- 자녀에 관한 통화는 원내 전화로 정해진 시간에 해주세요.

7

등 · 하원 시간을 지켜주세요.

등하원 시간은 아이의 안전과 관련된 매우 중요한 일입니다.
즐겁게 등원하고 뿌듯함으로 귀가하는 일상이야말로 아이의 성장에 더 말할 나위 없이 좋은 환경이 될 것입니다.

- 등원 시간을 지켜주세요.

등원 여부와 시간은 자녀의 루틴은 물론 안전과 관련됩니다.
등원 조정이 필요한 경우 미리 안내해 주시면, 시간을 예측하여 자녀의 활동이 유연하게 조절되도록 할 수 있답니다.

- 귀가 시간도 잘 지켜주세요.

귀가 시간은 부모와의 신뢰입니다.
무조건 빨리 오라는 것이 아니라 자녀와의 약속 시간을 지키는 것이 긍정적 애착과 조화로운 양육에 영향을 미친다는 점을 고려해 주세요.

• 차량 시간은 더더욱 잘 지켜주세요.

약속을 일상에서 배우는 순간입니다.

우리 아이가 다른 아이들에게 번번이 미안함을 느끼지 않도록 해주세요.

미리 연락해 주시고, 날씨가 좋지 않은 날은 조금만 더 여유를 가지고 기다려주세요. 그래야 운전자가 당황하거나 서두르지 않고 안전한 운행을 하게 됩니다.

8

원 행사나 요청에 적극 협조해 주세요.

원에서는 DM, on-line, off-line, YouTube 등을 통해 부모님과 함께하고 있습니다. 물론 그 내용은 주로 자녀의 기분이나 요구, 식사와 배변, 놀이와 표현 등 원의 일상 생활입니다.
자녀의 주양육자는 부모님이기에 자녀의 일상을 당연히 알고 있어야 하고, 발달과 성장과정 등을 인식하는 데 목적을 두고 있습니다. 그러므로 부모님께 요청하는 사항에 대한 숙지와 협력이 필요합니다.

특히 부모교육에는 꼭 참석해 주세요.

부모는 참여와 소통으로 인해…

- 발달에 따른 일상을 알 수 있습니다.
- 자녀만의 특징을 이해하게 됩니다.
- 다른 아이와 비교하지 않게 됩니다.
- 함께 키우고 있기에 안도감을 느끼시게 됩니다.
- 자녀를 객관적 시각으로 보는 현명한 양육이 됩니다.

자녀가 무엇을 하였는지 확인하고자 하는 것도 아니고 잘했는지 못했는지를 알아보는 등 결과에 목적을 두지는 않습니다.
그러므로 원 행사에 적극적으로 참여하세요.

부모의 참여와 소통은 자녀에게…

- 자신은 사랑받는 존재라는 것을 감각적으로 느끼게 됩니다.
- 자신이 존중받고 있다는 긍정적 자아감을 형성하는 순간입니다.
- 부모님이 자신을 늘 생각하고 있다는 것을 보여주는 기회입니다.
- 소통으로 인한 순조로운 일상은 자녀의 안정감에 영향을 미칩니다.
- 소통하는 모습 자체를 보고 배움으로써 사회적으로 성장합니다.

9

선생님도 교육과 휴식이 필요합니다.

선생님들은 전공과 관련된 연수의 시간이 있습니다.
안전교육, 아동학대 예방교육 등 의무교육도 있고, 승급이나 자격 유지를 위한 교육, 원내 전문가 교육 프로그램 등 다양한 교육 등이 있습니다.
근로기준법에 따른 휴가도 있어서 하루 중 재충전의 시간을 가질 수도 있습니다.
이러한 시간들은 교사를 성장시키는 시간이 되고 있습니다.
따라서 이런 시간에는 대체 선생님이 함께 하시게 됩니다.

교사가 없는 것이 아니라 교사가 성장하는 시간이랍니다.

- 선생님의 부재가 궁금하시다면 원에 문의해 주세요.
- 하지만 선생님의 교육일정은 미리 안내드립니다.
- 교사 또한 사회적 변화 속에서 성장하고 있습니다.
- 우리 선생님은 이론과 실제가 균형적인 분입니다.
- 대체교사 역시 자격교사이니 안심하세요.

교사의 질과 교육의 질은 매우 밀접한 관련을 가지고 있습니다.
교사의 재충전은 아이들과의 일상에 긍정적인 영향을 비치고 있습니다.
그리고,
선생님의 근무 여부는 원 운영지침에 따라 결정되는 부분입니다.

10

아이들 앞에서 원과 선생님을 칭찬해 주세요.

자녀를 위한다면 부모님은
자녀가 원에 대해 기대감을 가질 수 있도록 즐거운 이야기를 나누어 주세요.
그래야 자녀는 자부심을 가지고 원 생활을 긍정적으로 하게 될 것입니다.

- 즐거운 원에 다니는 자녀를 칭찬하세요.
- 원에 가는 등원 길을 즐겁게 유지하세요.
- 집에 있는 것이 원에도 있다는 것을 인식시켜주세요.
- 즐거운 일들을 중심으로 물어보세요.
- 즐거운 일이 많음을 느끼도록 대화하세요.

자녀를 위한다면 부모님은
자녀가 선생님에 대해 편안함을 가질 수 있도록 칭찬을 많이 해주세요.
그래야 자녀는 안정감을 가지고 선생님과의 신뢰감을 형성하게 됩니다.

- 선생님의 모습을 긍정적으로 이야기 나누세요.
- 자녀를 사랑하는 선생님에 대해 말해 주세요.
- 선생님이 엄마처럼 안아 준다는 것을 알려주세요.
- 선생님은 항상 자녀와 같이 있다는 것을 알려주세요.
- 자녀가 선생님과 생활하는 것을 자랑스럽게 말하세요.

자녀 앞에서 원을 모호하게, 의문스럽게, 이상하게 표현하지 말아야 합니다.
선생님을 비난하거나 나무라는 말, 또는 부모 말을 듣는 사람으로 비치는 말은 절대 삼가해 주세요.
이럴 경우 자녀는 원과 선생님을 신뢰하지 않을 것입니다. 결국 사회나 타인을 부정적으로 대하는 것은 적응에도 어려움을 보이는 원인이 될 수 있습니다.
무엇보다 중요한 건 자녀가 하루 일과에 행복감을 느끼지 못하게 된다는 것입니다.

CCTV는 이럴 때 필요합니다.

교육기관의 CCTV 설치 목적은 감시가 아니라 안전 및 보안에 있습니다.
그러므로 CCTV 열람은 절차에 따라 요청하여야 합니다.
보호자가 원한다 할지라도 아무 때나 볼 수 있는 것은 아닙니다.
다른 아이들과 교사 또한 보호받을 권리가 있기 때문입니다.

CCTV는…

- 가정과 원의 신뢰를 기반으로 하되 안전을 목적으로 해야 합니다.
- CCTV 열람을 무조건 거절하거나 제한하지는 않습니다.
- 우선적으로 원인을 알고 열람하는 것이 필요합니다.
- 녹음기능이 없어 자칫 오해를 불러일으키기 때문에 갈등이 일어나는 경우가 종종 있습니다.
- 때로는 열람의 시간을 단축하기 위해 빨리 되감아 보는 경우 매우 일상적인 행동임에도 불구하고 자칫 과격한 행동으로 보이게 되는 경우가 있어 불미스런 일이 발생하는 경우도 있습니다.
- 그러므로 CCTV의 제한사항을 절대적으로 감안하여야 합니다.

내 자녀 하나 키우는 것도 만만치 않은 것이 양육입니다.
아이를 좋아하는 마음 하나로 하루 종일 최선을 다하는 선생님이십니다.
부모님과 선생님들 간의 신뢰가 무너지지 않도록 신중한 열람이 되어야 할 것입니다.

교육기관의 질서를 잘 지켜주시는 현명한 부모님,
부모의 권리도 주장하시고, 그에 따른 적절한 의무와 책임을 다하는 최고의 부모님이 되어 주세요.

12

서로서로 예절을 지켜야 합니다.

자녀의 성장을 위해 우리 어른들은 협력해야 합니다.
합리적인 판단이 되도록 협력해야 합니다.
그러기 위해 교사에게 예의를 지켜주세요.

선생님도 칭찬이 필요합니다.
선생님도 칭찬을 좋아합니다.
자녀의 선생님께 구체적으로 칭찬해 주세요.

- 자녀가 보고 있다는 것을 늘 기억하세요.
- 웃는 얼굴로 대화합니다.
- 마주보고 이야기 나눕니다.
- 존중하는 단어와 문장으로 대화합니다.
- 목소리의 강약, 고저, 장단도 중요합니다.
- 운영에 대한 무리한 요구를 자제하세요.
- 자녀의 일상에 무리한 요구를 자제하세요.
- 외부에서는 원의 긍정적인 이야기를 나눠주세요.
- 타인에게 선생님을 긍정적으로 표현해 주세요.
- 선생님과 이야기하는 동안 핸드폰은 잠시 멈춥니다.

그러므로 다음과 같은 말은 예절을 넘어, 자녀의 긍정적 성장에까지 어려움을 동반하므로 주의하셔야 합니다.

"엄마가 선생님한테 말해 줄게."

"아빠가 선생님한테 안 하게 해달라고 할게."

"괜찮아, 안 해도 돼, 내일 엄마가 원에 전화할게."

가정과 선생님의 관계는 수평적이어야 합니다.

수평적인 관계일 때 서로에 대한 존중이 보이는 행동으로 나타날 것입니다.

13

자녀의 권리를 보호해 주세요.

부모라 할지라도 자녀의 권리는 존중해야 합니다.
자녀를 사랑하기에 자녀가 그 사랑을 느낀다면 권리존중으로 충분합니다.
자녀에게는 생존권, 보호권, 발달권, 참여권의 4대 권리가 있습니다.

생존권은
기본적인 삶을 누리는 데 필요한 권리입니다.

- 먹고 자고 싸는 기본 욕구를 인정해 주세요.
- 우는 자녀는 반드시 달래주세요.
- 낮잠 여부는 자녀의 루틴을 중심으로 판단해야 합니다.

발달권은
안전하게 그래서 자신의 능력을 최대한 발휘하도록 하는 권리입니다.

- 즐거운 놀이로 안전한 일상이 우선이어야 합니다.
- 자녀 발달의 전문가인 원과 선생님이 늘 함께합니다.
- 자율적인 양육과 허용적 양육을 구분하는 양육이 필요합니다.

보호권은

유해한 것으로부터 보호받을 권리입니다.

- 부주의한 양육은 니어미스Near-Miss이므로 적극 개선해야 합니다.
- 퍼빙phubbing1)은 자녀의 존재감을 위협하므로 개선이 필요합니다.
- 어떠한 이유에서든 체벌은 학대입니다.

참여권은

환경에 적극적으로 참여할 수 있는 권리입니다.

- 도전할 기회를 주고, 수행할 때 용기를 주세요.
- 대신 해주기보다는 할 수 있는 방법을 안내하세요.
- 가정에서의 연습은 원에서 자신감으로 발휘됩니다.

1) 휴대폰의 '폰(phone)'과 '무시함'의 '스너빙(snubbing)'을 합성한 말로 주변 사람들에게 냉담한 정도로 스마트폰에 열중하는 태도를 뜻하는 신조어임.

14

아동학대는 예방이 목적입니다.

아동학대 예방은 바르게 알고 바르게 사랑해야 한다는 의미입니다. 뿐만 아니라 내 자녀가 사랑스러운 만큼 주변의 아이들에게도 관심을 가지고, 학대받는 아이들은 없는지 부모님의 민감한 관찰을 필요로 하는 것이지요.

'내 새끼 내 맘대로 하는데 뭐가 문제야.'
'잘못을 설명해주고 이해하면 작은 자로 발바닥을 혼내주고 있어요.'
'아이에게 잘못한 것을 물어보고 혼냅니다. 마음대로 혼내지는 않아요.'
등은 바른 사랑이라고 하기 어려우니 적극 개선이 필요합니다.

- 원을 긍정적으로 바라봐 주세요.
- 신고보다는 상황의 확인이 우선입니다.
- 선생님께 먼저 상황에 대해 물어주세요.
- 꼬리에 꼬리를 무는 예측으로 판단하지 않아야 합니다.
- 자녀의 말을 믿는 것은 당연하나, 일방적인 판단은 말아주세요.
- 의문이 든다면 자녀에게 재물음을 멈추고 선생님께 확인하세요.
- 이후 지속될 서로의 관계도 고려해 주세요.
- 오해가 풀렸다면 원과 선생님 마음도 달래주세요.
- 주변 아이의 옷차림, 상처 등에도 관심을 가져주세요.

아동학대 신고는 112입니다.
원과 선생님은 아동학대 신고 의무자입니다.
자녀가 바르게 자라기를 바라는 마음은 부모라면 모두 같을 것입니다.
바른 사랑으로 바르게 건강하게 함께 키우겠습니다.

15

단체생활이기에 가벼운 질병이나 안전사고가 있을 수 있습니다.

아이들은 끊임없이 움직입니다.
물론 다치지 않도록 늘 주의하고 있지만, 아이들은 다칠 수도 있습니다.
이처럼 놀면서 신체의 균형을 이루어가는 과정 중에 있다 보니 넘어지거나 부딪혀 다치는 경우가 발생하곤 합니다. 그러는 가운데 서로 다치기도 하고요.
때론 자신의 요구나 의도를 깨물거나 미는 등의 행동으로 표현하는 경우도 있습니다.

- 자녀의 상황을 자세히 알려주세요.
- 투약이 필요하다면, 시간, 횟수 등 자세히 안내해 주세요.
- 주양육자 외 연락 가능한 제2양육자도 있어야 해요.
- 손톱은 모가 나지 않도록 안전하게 관리해 주세요.
- 도구나 매체는 가정에서부터 안전히 다루도록 지도하세요.
- 던지거나 깨무는 행동은 가정에서부터 제한해 주세요.
- 전염성 질환인 경우에는 휴원해야 합니다.
- 안전사고를 최소화하기 위해 부단히 노력하고 있습니다.

지금 자신의 의도를 바르게 표현할 수 있도록 하나하나 배워가고 있으니, 원을 믿고 자녀의 변화를 기다려주시고 바른 성장을 기대해 주세요.

원의 또래아이들은 발달이 모두 비슷합니다.

이에 내 아이 또한 그럴 수 있으니, 보호자 간의 배려와 이해 부탁드립니다.

부모님의 이해와 배려의 모습을 바라보는 자녀는 지식이 아니라 부모로부터 지혜를 배우는 중요한 순간이 될 것입니다.

4
표준보육과정

〈2020 개정 표준보육과정 만 2세 영역별 내용범주〉

기본생활		신체운동		의사소통	
건강하게 생활하기	자신의 몸을 깨끗이 해본다.	감각과 신체 인식하기	감각 능력을 활용한다.	듣기와 말하기	표정, 몸짓, 말에 관심을 갖고 듣는다.
	음식에 관심을 가지고 즐겁게 먹는다.				상대방의 이야기를 듣고 말한다.
	하루 일과를 즐겁게 경험한다.		신체를 인식하고 움직인다.		표정, 몸짓, 단어로 의사를 표현한다.
	건강한 배변 습관을 갖는다.			읽기와 쓰기에 관심 가지기	자신의 요구와 느낌을 말한다.
안전하게 생활하기	일상 생활에서 안전하게 놀이하고 생활한다.	신체 활동 즐기기	대 소근육을 조절한다.		주변의 그림과 상징, 글자에 관심을 가진다.
	교통수단을 안전하게 이용해 본다.		기본 운동을 즐긴다.	책과 이야기 즐기기	끼적이며 표현하기를 즐긴다.
					책에 관심을 가지고 상상한다.
	위험한 상황에 대처하는 방법을 경험한다.		실내 외 신체 활동을 즐긴다.		말놀이와 이야기에 재미를 느낀다.

사회관계		예술경험		자연탐구	
나를 알고 존중하기	나와 다른 사람을 구별한다.	아름다움 찾아보기	자연과 생활에서 아름다움을 느끼고 즐긴다.	탐구 과정	주변 세계와 자연에 대해 호기심을 가진다.
	나의 감정을 표현한다.				사물과 자연을 반복하여 탐색하기를 즐긴다.
	내가 좋아하는 것을 한다.		아름다움에 관심을 갖고 찾아본다.	생활속에서 탐구하기	친숙한 물체의 특성과 변화를 감각으로 탐색한다.
더불어 생활하기	가족에게 관심을 가진다.	창의적으로 표현하기	익숙한 노래와 리듬을 표현한다.		물체의 수량에 관심을 가진다.
					주변 공감과 모양을 탐색한다.
	또래와 함께 놀이한다.		움직임과 춤으로 자유롭게 표현한다.		규칙성에 관심을 가진다.
	다른 사람의 감정과 행동에 반응한다.		미술 재료와 도구로 표현해 본다.		주변 사물을 같고 다름에 따라 구분한다.
					생활 도구에 관심을 가진다.
	반에서의 규칙과 약속을 알고 지킨다.		일상생활 경험을 상상놀이로 표현한다.	자연과 더불어 살기	주변의 동식물에 관심을 가진다.
					날씨와 계절의 변화를 감각으로 느낀다.

5
누리과정

내용범주	내 용	세부 내용
신체 인식하기	감각능력 기르기	미세한 감각적 차이를 구분한다.
	감각기관 활용하기	여러 감각기관을 협응하여 활용한다.
		감각으로 대상이나 사물의 특성과 차이를 인식한다.
	신체를 인식하고 움직이기	신체 각 부분의 특성을 이해하고 활용하여 움직인다.
		자신의 신체를 긍정적으로 인식하고 움직인다.
신체 조절과 기본 운동하기	신체 조절하기	신체균형을 유지하면서 다양한 자세를 취한다.
		신체 각 부분의 움직임을 조절한다.
		공간, 힘, 시간 등의 움직임 요소를 활용하여 운동한다.
		도구를 활용하여 여러 가지 조작운동을 한다.
	이동하며 운동하기	걷기, 달리기, 뛰기 등 다양한 이동 운동을 한다.
	제자리에서 운동하기	제자리에서 다양한 운동을 한다.
신체 활동에 참여하기	자발적으로 신체 활동에 참여하기	신체활동에 자발적이고 지속적으로 참여한다.
		자신과 다른 사람의 운동능력의 차이를 존중한다.
	바깥에서 신체활동하기	규칙적으로 바깥에서 신체활동을 한다.
	기구를 이용하여 신체활동하기	여러 가지 기구를 이용하여 신체활동을 한다.
건강하게 생활하기	몸과 주변을 깨끗이 하기	손과 몸과 이를 깨끗이 하는 습관을 갖는다.
		주변을 깨끗이 하는 습관을 갖는다.
	바른 식생활 하기	적당량의 음식을 골고루 먹는다.
		몸에 좋은 음식을 선택할 수 있다.
		감사하는 마음으로 음식을 소중히 여긴다.
		식사예절을 지킨다.
	건강한 일상생활 하기	규칙적으로 잠을 자고, 적당한 휴식을 취한다.
		하루 일과에 즐겁게 참여한다.
		바른 배변습관을 가진다.
	질병 예방하기	건강의 중요성을 알고 실천한다.
		질병을 예방하는 방법을 알고 실천한다.
		날씨와 상황에 알맞게 옷을 입는다.
안전하게 생활하기	안전하게 놀이하기	놀이기구나 놀잇감을 안전하게 사용한다.
		안전한 장소에서 놀이한다.
	교통안전 규칙지키기	교통규칙을 지켜서 안전하게 다닌다.
		교통수단을 안전하게 이용한다.
	비상 시 적절히 대처하기	재난 및 사고 등 비상 시 적절하게 대처하는 방법을 안다.
		학대, 성폭력, 유괴 상황을 알고 도움을 요청하는 방법을 안다.

저 / 자 / 약 / 력

■ **박근주**

경희대학교 아동학전공 이학박사
USA. MidWest Univesity. During. Ph. D. Education, Brain & Gift-Child
현, 서울, 경희대학교 아동학과 외래교수
경희대학교 아동행동연구실 SEPYC 잠재력코칭
한국아동교육계발원 아이숲 원장
한국부모교육지도자협회 KP21 회장
경기도여성가족재단 아동학대예방 아이지킴이 강사
경기도평생학습포털 GSEEK 온라인부모교육 강연자
한국보육진흥원 마음성장 자문위원

■ **박선미**

경희대학교 아동학전공 박사과정 수료
현, 경기도 하남시의회 의원
전, 하남시 세림어린이집 원장

교육기관에 다니는 어린 자녀의 부모님께

1판 1쇄 발행 2023년 2월 24일

지은이 박근주·박선미

펴낸이 김동근
펴낸곳 지식터
등록 2022년 10월 19일(등록번호 제396-2022-000170호)
주소 경기도 고양시 일산동구 정발산로 24 웨스턴돔2 제4층 제티3-417호
전화 031-811-8500
팩스 031-811-8600
이메일 jster22@naver.com
홈페이지 www.jster22.com
ISBN 979-11-92845-30-2

정가 5,000원
잘못된 책은 구입처에서 바꾸어 드립니다.